ESTE LIVRO PERTENCE A

AS AVENTURAS DE GABY
A AVENTURA ESPACIAL DE GABY

Escrito por:
Marcio Cicala

PARA O PAI QUE SABE QUE SUA OBRA MAIS BELA É SUA FILHA
E PARA MINHA LINDA FILHA GABY, A QUEM AMO TANTO.

ISBN: 9786501242675
Primeira edição: Novembro, 2024.

Dicas para Ler Juntos com Amor

Ler juntos é uma maneira especial de criar memórias com seu filho. Esta história oferece conforto e alegria, perfeita para momentos tranquilos em casa ou em qualquer lugar.

Crie um espaço aconchegante e tranquilo, onde vocês dois possam aproveitar a proximidade. Deixe seu filho se aconchegar enquanto compartilham a história.

Desligue as distrações como a TV ou o celular para que possam se concentrar um no outro. Este tempo juntos é um presente.

Incentive seu filho a fazer perguntas e compartilhar seus pensamentos. Ouça suas ideias e sentimentos — isso ajuda no aprendizado e faz com que ele se sinta compreendido.

Observem as ilustrações juntos. Pergunte o que ele vê e o que pode acontecer a seguir, estimulando a imaginação.

Ler não é apenas sobre as palavras, é sobre a suavidade da sua voz, a proximidade e a diversão de descobrir novos mundos juntos.

Acima de tudo, valorize esses momentos. Não tenha pressa para terminar a história — aproveite a conexão que estão construindo. Esses momentos ficarão com eles para sempre.

Aproveite sua viagem...

Era uma noite tranquila, e Gaby estava confortável em sua cama, usando seu pijama rosa macio. Zion, seu cachorro, já estava dormindo na cama. O quarto estava escuro, com apenas uma luz suave brilhando ao lado dela.

Marcio, o pai de Gaby, sentou-se ao lado dela para ajudá-la a dormir. Gaby sorriu para ele, seus cabelos castanhos e cacheados descansando sobre o travesseiro. "Papai, você pode me contar uma de suas histórias incríveis antes de eu dormir?" ela perguntou docemente.

Marcio sorriu de volta e envolveu Gaby gentilmente em seus braços. “Claro, minha pequena exploradora,” disse ele.

Marcio começou a contar uma história sobre astronautas corajosos que viajavam longe pelo espaço, onde milhões de estrelas brilhavam e cometas coloridos cortavam o céu. Enquanto Marcio falava sobre os astronautas explorando o vasto universo, Gaby quase que podia ver as galáxias e planetas em sua mente.

Antes que Marcio pudesse terminar a história, Gaby já havia adormecido profundamente. Ele beijou sua testa e sussurrou suavemente: "Boa noite, minha linda."

Em seu sonho, Gaby se encontrou flutuando no espaço, usando um traje de astronauta branco e brilhante. Ela deu risadinhas ao ver Zion flutuando ao seu lado, também usando um traje de astronauta feito especialmente para cães!

Gaby e Zion voavam entre as estrelas, rindo enquanto viam os planetas girando à distância. Gaby apontou animada. "Olha, Zion! Tudo é tão lindo!"

Zion latiu feliz, tentando ao máximo flutuar ao lado de Gaby. Às vezes ele se atrapalhava todo no espaço, e Gaby não conseguia conter a risada.

Eles voaram perto de um grande planeta vermelho. "Esse é Marte, Zion!" Gaby disse, maravilhada. Ela estendeu a mão como se pudesse tocar a superfície empoeirada do planeta.

Conforme voavam mais longe, passaram por estrelas cintilantes, brilhando em todas as cores. "Essa é a diversão mais incrível que já tive!" Gaby comemorou, seu coração estava cheio de alegria.

De repente, Gaby ouviu uma voz chamando das estrelas, "Gaby, Gaby, está na hora de acordar. Temos panquecas para o café da manhã!"

Lentamente, Gaby abriu os olhos. Ela estava de volta em sua cama aconchegante, com a luz do sol entrando pelas cortinas. Ela sorriu, lembrando-se do seu maravilhoso sonho.

Na mesa do café da manhã, Gaby contou animadamente para seu pai sobre o sonho. "Papai, eu fui para o espaço com o Zion! Vimos estrelas e planetas, e foi incrível!"

Marcio ouviu com um sorriso carinhoso, seu coração aquecido pela empolgação de Gaby. "Parece que vocês tiveram uma grande aventura" ele disse, dando-lhe um abraço.

Quando Gaby terminou o café da manhã, Marcio disse: "Não se atrase para a escola, tá bom?" ele a lembrou antes de sair da sala.

"Wow!" - Gaby olhou para Zion, que estava deitado no chão. Ela de repente deu um suspiro de surpresa.

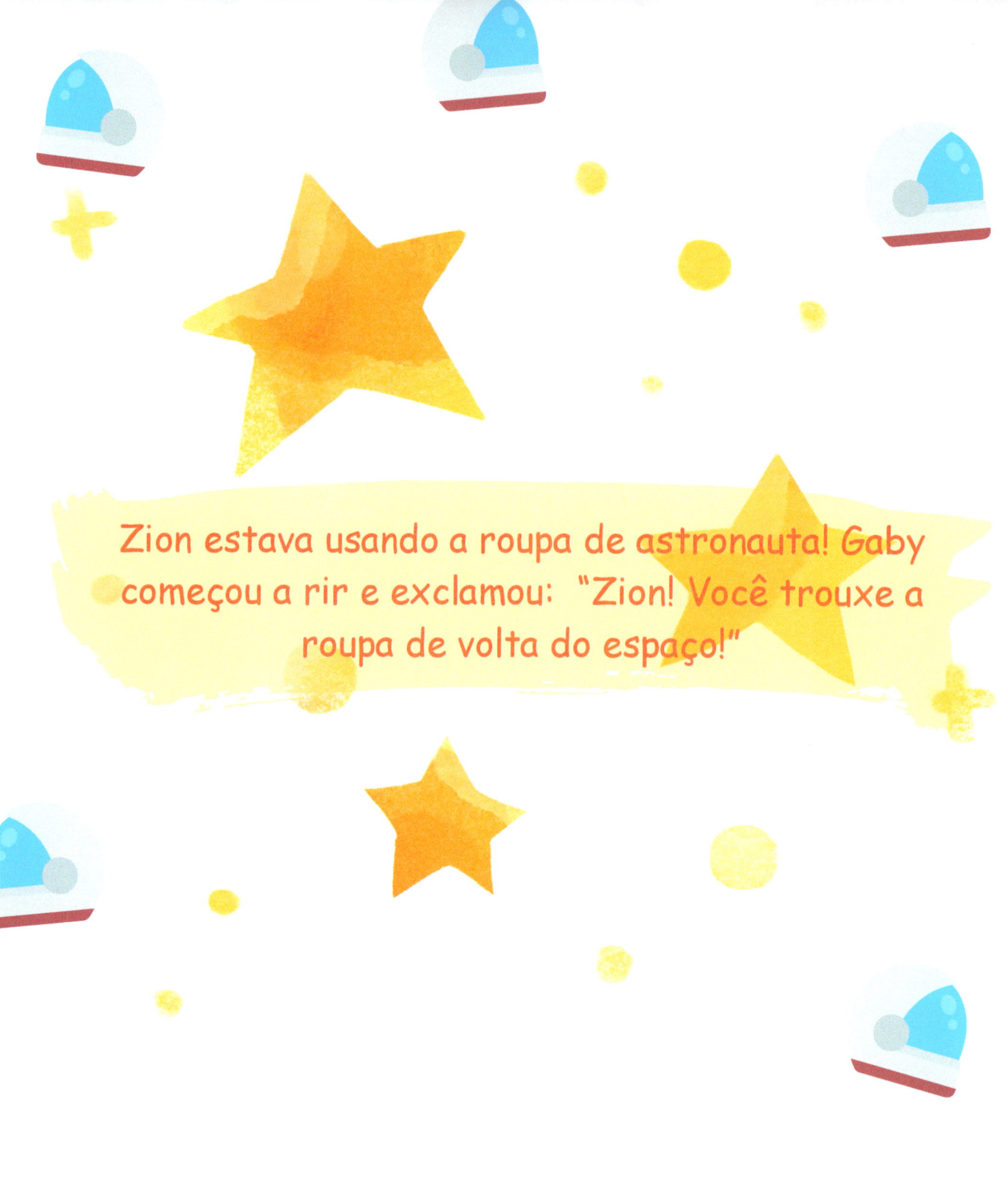

Zion estava usando a roupa de astronauta! Gaby começou a rir e exclamou: "Zion! Você trouxe a roupa de volta do espaço!"

Zion latiu e abanou o rabo, e Gaby caiu na gargalhada, percebendo que talvez seu sonho não fosse apenas um sonho afinal.

HORA DE BRINCAR

AONDE ZION ESTÁ?

HORA DE BRINCAR

AJUDE ZION A ENCONTRAR SEU FOGUETE

HORA DE BRINCAR

VAMOS PINTAR OS PLANETAS!

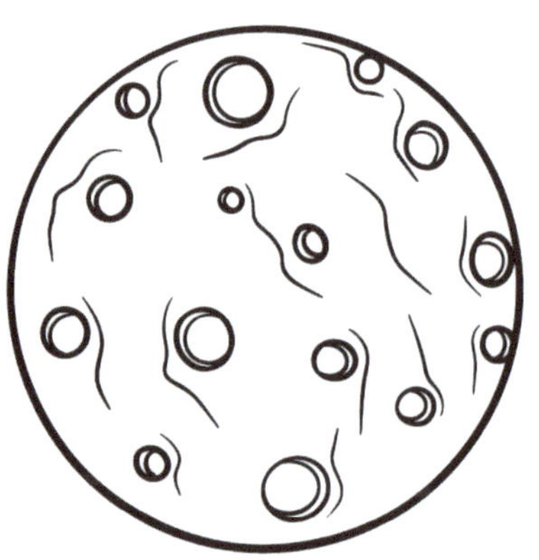

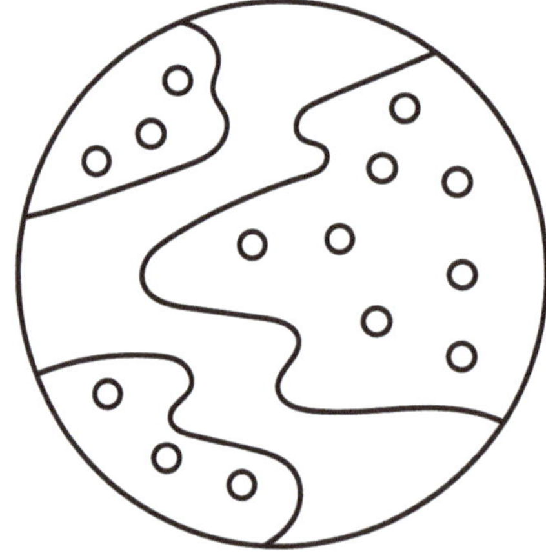

HORA DE BRINCAR

QUE COR É A ROUPA DO ASTRONAUTA?

POR FAVOR, DEIXE SEU COMENTÁRIO SE VOCÊ GOSTOU DESTE LIVRO!

www.ingramcontent.com/pod-product-compliance
Lightning Source LLC
LaVergne TN
LVHW071202160826
845679LV00003B/721

* 9 7 8 6 5 0 1 2 4 2 6 7 5 *